मौसिक़ी के अखंडित आयाम

An Endless Journey In the black hole of writings

DR ARUN KUMAR SHASTRI

ISBN

Published in India 2021 by Pencil

A brand of
One Point Six Technologies Pvt. Ltd.
123, Building J2, Shram Seva Premises,
Wadala Truck Terminal, Wadala (E)
Mumbai 400037, Maharashtra, INDIA
E connect@thepencilapp.com
W www.thepencilapp.com

Author biography

डॉ अरुण कुमार शास्त्री - एक अबोध बालक - अरुण अतृप्त ,

जीवन को समझना हर किसी के बस की बात नहीं जीवन शुरू होता है भूख से और भूख के साथ ही समाप्त , देखना ये है कौन कौन इस बीच भूख जैसी महामाया के पंजों से मुक्त हो जीवन को समझने में कामयाब हो पाता है
डॉ अरुण कुमार शास्त्री - एक अबोध बालक - अरुण अतृप्त ,मेरी ये पुस्तक ऐसे ही छिटपुट सावन की फुहारों से भरी हुई

है।

शब्दों की कमी किसी के पास नहीं लेकिन शब्दों को सुगन्धित सुरभित वेणी में गूंथना जो देखने छूने व्यवहार में आपसी लोकाचार में आदान प्रदान में व् धनात्मक वैचारिक प्रकल्प अनुदान में सकारात्मक ऊर्जा प्रेषित करे तो साहित्यिक सेवा का समन्वय अंकित करती है। कविता, मन* की ऊर्जा है इसके भाव आत्मा के स्वरूप हैं ये प्रेम है आनन्द है मौसिक़ी है जो सतत [अखंडित] प्रवाहित होती ही रहती है। कभी मुझसे तुम तक कभी तुम से मुझ तक

सामाजिक नाम - डॉ अरुण कुमार शास्त्री

साहित्यिक नाम- एक अबोध बालक - अरुण अतृप्त

स्थाई निवास - दिल्ली एन सी आर

नागरिक हक़ीक़ी - भारत

नागरिक - लिटरेरी - समस्त विश्व

लेखन के कीटाणु पैदाइशी ही हैं बचपन की १४ छोटी छोटी डायरी भूख की भेंट चढ़ गई बहुत रोता हूँ उन्हें याद करके तब से जब से होश संभाला है एक एक शब्द संभाला है - पढोगे तो जानोगे इस - औघड़ - एक अबोध बालक - अरुण अतृप्त को

डॉ अरुण कुमार शास्त्री - एक अबोध बालक - अरुण अतृप्त

CONTENTS

Foreword

डॉ अरुण कुमार शास्त्री - एक अबोध बालक - अरुण अतृप्त ,

जीवन को समझना हर किसी के बस की बात नहीं जीवन शुरू होता है भूख से और भूख के साथ ही समाप्त , देखना ये है कौन कौन इस बीच भूख जैसी महामाया के पंजों से मुक्त हो जीवन को समझने में कामयाब हो पाता है
डॉ अरुण कुमार शास्त्री - एक अबोध बालक - अरुण अतृप्त ,मेरी ये पुस्तक ऐसे ही छिटपुट सावन की फुहारों से भरी हुई है।

शब्दों की कमी किसी के पास नहीं लेकिन शब्दों को सुगन्धित सुरभित वेणी में गूंथना जो देखने छूने व्यवहार में आपसी लोकाचार में आदान प्रदान में व् धनात्मक वैचारिक प्रकल्प अनुदान में सकारात्मक ऊर्जा प्रेषित करे तो साहित्यिक सेवा का समन्वय अंकित करती है। कविता, मन की ऊर्जा है इसके भाव आत्मा के स्वरूप हैं ये प्रेम है आनन्द है मौसिक़ी है जो

सतत [अखंडित] प्रवाहित होती ही रहती है। कभी मुझसे तुम तक कभी तुम से मुझ तक

सामाजिक नाम - डॉ अरुण कुमार शास्त्री

साहित्यिक नाम- एक अबोध बालक - अरुण अतृप्त

स्थाई निवास - दिल्ली एन सी आर

नागरिक हक़ीक़ी - भारत

नागरिक - लिटरेरी - समस्त विश्व

लेखन के कीटाणु पैदाइशी ही हैं बचपन की १४ छोटी छोटी डायरी भूख की भेंट चढ़ गई बहुत रोता हूँ उन्हें याद करके तब से जब से होश संभाला है एक एक शब्द संभाला है - पढोगे तो जानोगे इस - औघड़ - एक अबोध बालक - अरुण अतृप्त को

डॉ अरुण कुमार शास्त्री - एक अबोध बालक - अरुण अतृप्त

Preface

मौसिक़ी के अखंडित आयाम

आज आपके हांथो या आपकी डिजिटल डिवाइस की स्क्रीन पर आपको ये पुस्तक पढ़ते देख मैं आपसे दूर बैठा ये बखूबी सोच

सकता हूँ की आपके मन में ये प्रश्न तो उठा ही होगा कि ये लेखक भी कैसे प्राणी होते हैं क्या क्या रच डालते है क्या विचार उठते होंगे और क्यों उठते होंगे ये सब लिखने से पहले इनके मन में कैसे कैसे ये एक एक शब्द को जोड़ एक लाइन व् एक एक लाइन को जोड़ एक रचना बना डालते हैं भावों भरी जो नवरस का सुनहरा प्रारूप आपके मानस पर सृजित करते है कोई कोई तो हू ब हू वैसे ही हालात से गुजर चुका होता है।

देखो दोस्तों मैं भी आपका ही एक हिस्सा हूँ मेरा भी इसी संसार में जनम हुआ मेरे भी सभी पारिवारिक रिश्ते हैं जैसे आपके हैं तो मैं भी वैसे ही परिवेश में पला बढ़ा हुआ हूँ। मैं भी उन्ही हालात से सोच से निर्मित हूँ और वैसी ही भावनाएँ हैं मेरी। तो हम और आप सब एक ही मिट्टी के पुतले हैं और अंत में उसी मिट्टी में समा जाने हैं।

बस यही कुछ फर्क है की मैंने उन्ही दिन प्रतिदिन के भावों को कागज़ पर उकेरा है पीड़ा , दर्द वेदना , ख़ुशी प्रसन्नता , मासूमियत आदि भाव रचनात्मक काव्य में उतार दिए हैं मेरा लेखन किसी विशेष तरज़ीह का मोहताज़ नहीं - रात नींद खुल गई कोई याद आ गया और मेरी कविता बन गई। किसी को ग़मज़दा देखा तो अपना ग़म याद आ गया तो मेरी कविता बन गई। और उन सब को जोड़ कर ये पुस्तक जो आज आपके सामने है वो बन गई। ओम इति साहित्यम।

डॉ अरुण कुमार शास्त्री - एक अबोध बालक - अरुण अतृप्त

Introduction

मौसिक़ी के अखंडित आयाम

आज आपके हांथो या आपकी डिजिटल डिवाइस की स्क्रीन पर आपको ये पुस्तक पढ़ते देख मैं आपसे दूर बैठा ये बखूबी सोच

सकता हूँ की आपके मन में ये प्रश्न तो उठा ही होगा कि ये लेखक भी कैसे प्राणी होते हैं क्या क्या रच डालते है क्या विचार उठते होंगे और क्यों उठते होंगे ये सब लिखने से पहले इनके मन में कैसे कैसे ये एक एक शब्द को जोड़ एक लाइन व् एक एक लाइन को जोड़ एक रचना बना डालते हैं भावों भरी जो नवरस का सुनहरा प्रारूप आपके मानस पर सृजित करते है कोई कोई तो हू ब हू वैसे ही हालात से गुजर चुका होता है।

देखो दोस्तों मैं भी आपका ही एक हिस्सा हूँ मेरा भी इसी संसार में जनम हुआ मेरे भी सभी पारिवारिक रिश्ते हैं जैसे आपके हैं तो मैं भी वैसे ही परिवेश में पला बढ़ा हुआ हूँ। मैं भी उन्ही हालात से सोच से निर्मित हूँ और वैसी ही भावनाएँ हैं मेरी। तो हम और आप सब एक ही मिट्टी के पुतले हैं और अंत में उसी मिट्टी में समा जाने हैं।

बस यही कुछ फर्क है की मैंने उन्ही दिन प्रतिदिन के भावों को कागज़ पर उकेरा है पीड़ा , दर्द वेदना , ख़ुशी प्रसन्नता , मासूमियत आदि भाव रचनात्मक काव्य में उतार दिए हैं मेरा लेखन किसी विशेष तरज़ीह का मोहताज़ नहीं - रात नींद खुल गई कोई याद आ गया और मेरी कविता बन गई। किसी को ग़मज़दा देखा तो अपना ग़म याद आ गया तो मेरी कविता बन गई। और उन सब को जोड़ कर ये पुस्तक जो आज आपके सामने है वो बन गई। ओम इति साहित्यम।

डॉ अरुण कुमार शास्त्री - एक अबोध बालक - अरुण अतृप्त

तकाज़ा

तकाज़ा
मैंने जज़्बात अपने कागज़ पर उकेरे है
मिरि ख़्वाहिश है के तू उन्हें आवाज़ दे दे।
तम्मन्ना है जिसे सुन कर कोई दीवाना
अपने फ़न को सुरीला आगाज़ दे दे।
मिरा मौजू तिरि फ़ितरत
परस्तिश ज्यूँ फरिश्तों सी।
लफ़्ज़ -दर- लफ़्ज़ सुन कर जिसे कोई
हसीना, मुझको भी इश्क़ का ईनाम दे दे।
तकाज़ा है तकाज़ा था
तिरे संग ज़न्नत को देखूँ मैं।
झुकी पलकों से, अगरचे तू
मिरे कूचे में, कोई शब, दीदार दे दे।
मैंने जज़्बात अपने, कागज़ पर उकेरे है
मिरि ख़्वाहिश है के तू, उन्हें आवाज़ दे दे।
तम्मन्ना है जिसे सुन कर, कोई दीवाना

अपने फ़न को, सुरीला आग़ाज़ दे दे।

मुझे आग़ोश में ले ले कोई इल्ज़ाम दे दे।

फ़क़त इक रात को ही आ

चाहे कूचे पर मेरे ज़ालिम

मग़र उस रात को बना ज़न्नत

कि तुझसे मिलने को

तरस जाए मियां ग़ालिब

तकाज़ा है तकाज़ा था

तिरे संग ज़न्नत को देखूँ मैं।

झुकी पलकों से, अगरचे तू

मिरे कूचे में, कोई शब, दीदार दे दे।

****

विश्वास confidence

विश्वास confidence

मेरी उमर को देखिएगा
तो भरोसा हरगिज़ न कीजियेगा
मेरे हुनर को देख लो पहले
फिर बात कीजियेगा ।।
दिखने में मैं अभी हो सकता है
नादान नज़र आता होऊँगा।।
अरे घबराइये नहीँ साहिब
आप पहले इम्तेहान लीजियेगा।।
जिस्म और अक्ल में कांटे का है सवाल
तौलोगे अग़र जिस्म से तो हो जायेगा बबाल
अब फिर से मिरे काम का धमाल देखियेगा
मेरी उमर को देखिएगा
तो भरोसा हरगिज़ न कीजियेगा
मेरे हुनर को देख लो पहले

फिर बात कीजियेगा ।।
आशिक़ नही मैं कौम का

पर निगहबान हूँ
सीमा पर खड़ा हूँ , अड़िग ,

पहरेदार हूँ
हिम्मत हो तो मेरी हद से

गुज़र के देखियेगा
बात करना बाद में, बस

मौक़ा तो दीजियेगा ।।
दिखने में मैं शान्त हूँ भीतर

भरा तूफ़ान हूँ
मुझसे जो टकराया उसके

लिए शैतान हूँ
मेरी उमर को देखिएगा
तो भरोसा हरगिज़ न कीजियेगा
मेरे हुनर को देख लो पहले
फिर बात कीजियेगा ।।
इंसान हूँ दिल है भावनायें भी हैं असीम
फ़र्ज़ की बात चलेगी तो फ़र्ज़ का हूँ रहीम

टूट सकता हूँ झुकना तो नही है मिरा नसीब
बेकार की सोच से मुझको परहेज़ है
अहिंसक हूँ शांति दूत हूँ

संयुक्त राष्ट्र का प्रतिनिधित्व हूँ,

वक्त के रूप में सहिष्णु हूँ

काल का हूँ मुरीद
मेरी उमर को देखिएगा
तो भरोसा हरगिज़ न कीजियेगा
मेरे हुनर को देख लो पहले
फिर बात कीजियेगा ।।

खो गया हूँ

खो गया हूँ

मुश्किलों में वल्लाह कौन न घबराएगा
तुझ से अगरचे सामना न हो जायेगा।।
तहज़ीब को रख लिया अबकी कमीज़ की जेब में
अगले मंगल को शायद फिर तिरा मिरा टाकरा हो जायेगा
हादसा था हकीकत थी या फ़साना था
तुझसे नजरें मिलाना तो इक बहाना था ।।
लोगों की भीड़ में भटका हुआ तो था
खोया नही था मैं बस ओझल नजर सी था ।।
देखते ही तुझको बदन पे बिजली से गिर गई
बेहोश तो नही था मदहोश ही तो था ।।
शेर लिखने को कागज़ कलम की दरकार थी
ये सुविधा उस वक्त मुहैया न बीच बाजार थी ।।
इसी हसरत पे मन मेरा मालिश सा कर गया
अच्छा भला बना था मिसरा लेकिन बिखर गया ।।

ये अबोध बालक अब शिकायत कहाँ करे

जिसके लिए खड़ा था बो तो कबका निकल गया ।।

ऐतिहासिक धरोहर

ऐतिहासिक धरोहर

संगेमरमर पर लिखी इबारत
नहीं थी वो कोई
गोरे बदन पर सप्तवर्णी गुदना था
मुगालता भीषण हो गया यारो मुझको ।।
फांसला मेरे और उसके बीच
अजनबियों के जैसा था
मन फिर भी न जाने क्यूँ
आशना हो गया यारो ।।
चेहरा अभी मैंने उसका देखा ही कहाँ था
एक हाँथ ही देखा था जिसपे वो सप्तवर्णी
गुदना गुदा था ।।
हकीकत थी अभी छुपी हुई
रु -ब -रु वो मुझसे , एक पल को भी
उस दिन के बाद , हुआ ही कहाँ था ।।

संगेमरमर पर लिखी इबारत
नहीँ थी वो कोई
गोरे बदन पर , सप्तवर्णी गुदना था
मुगालता भीषण हो , गया यारो मुझको ।।
नालिश सी हो रही थी, रह रह के जिगर में
दिल मग़र मेरा यूँ तो , उतना बे सब्र भी नही था ।।
हैसियत से उसकी कोई वास्ता न था
बिना मिले अब उससे कोई रास्ता न था ||
मुसीबत उसपे जेब का कड़का था, अरे साहिब
वैसे तो मैं पक्का दिल का साफ़ लड़का था ||
फिर यक ब यक जादू सा हो गया
यूँ समझिये पूरे बाजार में साया सा हो गया ||
बिजली लगी कड़कने कलेजा लगा धड़कने
पल भर में ही खुशहाल आशियाना सूना हो गया ||
फिर वो दिखी भागती सकुचाती आकर
लजाती हुई अखियों में हया लिए शर्माती हुई ||
सुनियेगा मौसम बहुत खराब है क्या आप
कृपया मुझे घर तक छोड़ दीजियेगा ||

नसीबा

नसीबा

राशियों की चाल पर ग्रह थिरकते रहे
सुब्ह होती रही रात ढलती रही ।।
हमने वादे निभाए वचन न दिए
हमने वादे निभाए वचन न दिए ।।
इक भरोसा था जिसपे चलते रहे ।।
सुब्ह होती रही रात ढलती रही ।।
नब्ज़ की चाल बदली या के यकसाँ रही
हम यथावत असूलों के पाबंद रहे ।।
राशियों की चाल पर ग्रह थिरकते रहे
सुब्ह होती रही रात ढलती रही ।।
तुम तो मजबूर थे और सितम भी सहे
हम तो आशिक थे तुम माशूक़ थे ।।
बचपने की मोहब्बत ज़बाँ हो गई
आस सोई नही दिल सुलगते रहे

जख्म सीने में तिल तिल सुबगते रहे
नब्ज़ की चाल बदली या के यकसाँ रही
हम यथावत असूलों के पाबंद रहे ।।
हार मानी नहीं क़ोशिश जारी रही
राशियों की चाल पर ग्रह थिरकते रहे
सुब्ह होती रही रात ढलती रही ।।
अश्क़ आये मग़र नयनों से ढुलके नहीं
ज़ब्त ज़ज़्बात घुट घुट के पीते रहे ।।
राशियों की चाल पर ग्रह थिरकते रहे
सुब्ह होती रही रात ढलती रही ।।

बिन आजादी सब कुछ सूना

आजादी मेरी आजादी
सबसे प्यारी आजादी
बिन आजादी सब कुछ सूना
ऐसे जैसे बर्बादी
ऐसे जैसे बर्बादी
***
आजादी मेरी आजादी
सबसे प्यारी आजादी
बिन आजादी सब कुछ सूना
ऐसे जैसे बर्बादी
ऐसे जैसे बर्बादी
भौतिक इच्छाओं का संतर्पण
मनो देहिक अनू अभ्यर्थन
चिंतित चित्त बना है कंटक
दुखता जैसे शूल

मेरे विधाता कुछ तो बोलो
क्या हो गई मुझसे भूल

आजादी मेरी आजादी
सबसे प्यारी आजादी
बिन आजादी सब कुछ सूना
ऐसे जैसे बर्बादी
ऐसे जैसे बर्बादी
भारत देश का मैं हूँ निवासी
लड़ लड़ कर पायी आजादी

भारत देश का मैं हूँ निवासी
लड़ लड़ कर पायी आजादी

सालों साल रहे हम बंधक
झेला कैसे वो सब संकट

मेरे विधाता कुछ तो बोलो
क्या हो गई मुझसे भूल

आज कृपा से आपकी
हम सब हैं आजाद
खुली हवा मैं ले रहे

आजादी की सांस

हम पर कृपा बनाये रखना
हम पर दया बनाये रखना
नतमस्तक करते याद
नतमस्तक करते याद

आजादी मेरी आजादी
सबसे प्यारी आजादी
बिन आजादी सब कुछ सूना
ऐसे जैसे बर्बादी
ऐसे जैसे बर्बादी

लाज भरी अँखियाँ

कैसे कहूँ लाज भरी अँखियाँ
झुकी झुकी जाएं
झुकी झुकी जाएं
सनम अब आ जाओ
आँखों में मेरी लाल लाल डोरे
लाल लाल डोरे
पलकों पे अटके सपन सुनहरे
सपन सुनहरे

कैसे कहूँ लाज भरी अँखियाँ
झुकी झुकी जाएं
झुकी झुकी जाएं
सनम अब आ जाओ

गोरे गोरे गालों पे गढ़े लगे पड़ने
ओठ मेरे लगे हैं अब खुलने सिकुड़ने,

भांति भांति से तुझको रिझाऊँ
कैसे कहूँ लाज भरी अँखियाँ
झुकी झुकी जाएं
झुकी झुकी जाएं
सनम अब आ जाओ
सर से पल्लू सरका जाए
रेशमी चूनर रह रह लहराए
सजन खिड़की सजन खिड़की
लगी है अब बजने
कैसे कहूँ लाज भरी अँखियाँ
झुकी झुकी जाएं
झुकी झुकी जाएं
सनम अब आ जाओ
शादी का माहौल है राजा
बैंड बज रहा ढम ढम ढा ढा
सखियाँ चुहल मचाएँ
कैसे कहूँ लाज भरी अँखियाँ
झुकी झुकी जाएं
झुकी झुकी जाएं
सनम अब आ जाओ
देर करी तो बात न करूंगी
कोप भवन में जाये पड़ूँगी ,

दरवज्जे पे दूँगी मैं कुंडी चढ़ाए
कैसे कहूँ लाज भरी अँखियाँ
झुकी झुकी जाएं
झुकी झुकी जाएं
सनम अब आ जाओ

इश्क का हुनर

इश्क का हुनर
बद्तमीजियां तिरि उस्तादियाँ मिरि
इश्क का हुनर ये गुस्ताखियां भरी।
मुड़ के मत देखना चाहत न हो जाए
नयन उलझे तो कोई ख़ता न हो जाये।
निगहबान बन के मिलोगे कभी सोचा न था
इससे पहले मेरी सोच में ऐसा लोचा न था।
बद्तमीजियां तिरि उस्तादियाँ मिरि
इश्क का हुनर ये गुस्ताखियां भरी।
चलो ख़्वाहिश को इसके अंजाम पर ले चलें
कुछ क़दम तुम बढ़ो कुछ कदम हम बढ़ें।
आशिक़ी को आशिक़ी से जीतना होगा
मुझे आगे बढ़ने से पहले तुम से पूंछना होगा।
हया को अब उसकी तौफ़ीक़ होगी देनी, मय्यसर
तिरे गेसुओं की सलवटों में बाकायदा सिमटकर।
बद्तमीजियां तिरि उस्तादियाँ मिरि

इश्क का हुनर ये गुस्ताखियां भरी।
अबरार के अश्क़ आँखों से क्या गिरे
कलम ने मिरि झटपट ये अलफ़ाज़ लिख्खे।
तासीर से जिनकी इक ग़ज़ल बन गई है
रोशनाई बा- अदब, बे -इन्तेहाई जम गई है।
बद्तमीजियां तिरि उस्तादियाँ मिरि
इश्क का हुनर ये गुस्ताखियां भरी।

संसाधन

संसाधन
मेरे हिस्से का आसमान
जो दिखता है छ्लावा है
उसमें तेरा उसका उनका
इसका भी आसमान आता है
मै उठा तडके तडक
सूरज तब पश्चिम में था
कदम बढाया वापिस आया
तब तक वो दक्षिण में था
फिर भी मैने परंपरागत
उद्वोधन कर नमन किया
अपनी छ्त को छूने को
अनथक प्रयत्न किया
इस कोशिश में उम्र ढल गई
दो प्रहर के संसाधन जोड़ते जोड़ते
एक सदी ही निकल गई

बीच बीच अनेको ऑन लाईन
गुरु मिल गये तो
जपो जप करतल
छवि बिगड़ गई
साध न पाया साधन को
जबतक कदम बढाया वापिस
आया तब तक वो दक्षिण में था
ऐसे बीता जीवन मेरा
तेरी तो मै जानू ना
ढूँढ रहा अपने जीवन को
मदद किसी से मांगू ना

कुछ् खत

कुछ् खत
कुछ् खत मोहब्बत के
अब भी मेरे पास
तरतीब से सहेजे हुये
तेरी पहचान लिये
तेरे मेरे सानिध्य के
जिंदा उन्मान लिये
बीत रहा हुं पल पल
ढलता हुआ है जीवन
मगर विश्वास से भरा
तेरे आने का एहसास लिये
कुछ खत मोहब्बत के
अब भी मेरे पास
तरतीब से सहेजे हुये
युं तो इस मोहब्बत ने
अनेको को सताया है

तिल तिल जलाया है
पल पल रुलाया है
भटकते को घर दिया
घर से किसी को बेघर किया
नेमतो से भर दिया किसी को
और किसी को जिंदा
द्फनाया है
कुछ खत मोहब्बत के
अब भी मेरे पास
तरतीब से सहेजे हुये
तेरी पहचान लिये

दिलबरी

अदा तेरी

तेरी हर अदा का मैं दीवाना हो गया।
कैसी अदा दिखाई के मस्ताना हो गया।।
मुझसे तो तूने पल में मिरा चैन ले लिया
नाम अपना अभी तक न बताया ये तो बुरा किया ।।
चेहरा छुपाए सबसे कैसा सितम किया
जालिम खताबार ये क्या ग़जब किया ।।
दिल पर हाँथ रखे सब बैचेन हो रहे हैं
देखो रक़ीब मेरे किस कदर खुश हो रहे है ।।
कुफ़्र घोला है हवा में कैसा
कि सबका दम है घुट रहा ।।
तेरी हर अदा का मैं तो दीवाना हो गया।
कैसी अदा दिखाई के मस्ताना हो गया।।
नागिन सी तेरी चाल है गदराया हुआ बदन
गुलशन में चहुँ ओर महकता हो जैसे चंदन ।।

आशिक बनाया सबको जीयरा तड़प रहा
धुक धुक बढ़ गई है मौसम सुलग रहा ।।
तेरी हर अदा का मैं दीवाना हो गया।
कैसी अदा दिखाई के मस्ताना हो गया।।
मुझसे तो तूने पल में मिरा चैन ले लिया
नाम अपना अभी तक न बताया ये तो बुरा किया ।।

थोड़ा मुस्कुराइए

थोड़ा मुस्कुराइए
फ़जीता न कराइए लतीफ़ा न बनाइए
ये जिंदगी है ज़नाब थोड़ा मुस्कुराइए।
माना के इस में तमाम पेच हैं
जानता हूँ इसके नखरे भी अनेक हैं।
साथ इसके गोटियाँ अपनी बिठाइए
ये जिंदगी है ज़नाब थोड़ा मुस्कुराइए।
कश्मक़श के दौर में खामियाँ अज़ीब सी।
दाल रोटी इक मका और कपड़े की लंगोटी
साबक़ा ग़जब का हर किसी के हाँथ है सोटी।
वो नहीं झुकता अगरचे तो आप झुक जाइए
ये जिंदगी है ज़नाब थोड़ा मुस्कुराइए।
मामला कुछ समझ में आया न आएगा
शनै शनै ये जीवन तो बीत ही जाएगा।
आया था खाली हाँथ खाली हाँथ जाएगा

लेकिन इसी के बीच जो दौलत कमाएगा।

बात तय है वो सभी भी छोड़ जाएगा

इस बात को तू देख न दिल से लगायेगा।

इसीलिए बोला न ....

फ़जीता न कराइए लतीफ़ा न बनाइए

ये जिंदगी है ज़नाब थोड़ा मुस्कुराइए

****

बेटियाँ

बेटियाँ

भुला कर गोद माँओं की
चली हैं, रण अब बेटियाँ
अरि का चीरने सीना
चली हैं, रण अब बेटियाँ
कलेजा थर्रा रहा होगा
हलक में धड़कने होंगी
मिटा ने नाम दुश्मन का
चली हैं, रण अब बेटियाँ
हजारों साल से जो
घर की शानों शौकत थी
भरे पूरे चमन को सींच
कर बनाती ज़न्नत थी
वही अब लेकर कृपाण

काटती हैं सबकी बेड़ियाँ
मिटा ने नाम दुश्मन का
चली हैं, रण अब बेटियाँ
भुला कर गोद माँओं की
चली हैं, रण अब बेटियाँ
अरि का चीरने सीना
चली हैं, रण अब बेटियाँ
**********@**********

हां जी हां मैं पुरूष हूं

हां जी हां मैं पुरूष हूं

मैं पुरुष हूँ
हां जी हां मैं पुरूष हूं।
त्याग समर्पण सहचर्य और आस्था का
जीता जागता स्तम्भ हूं।
हां जी हां मैं पुरूष हूं।
जनक हूं भ्राता हूं सखा हूं
जीवन प्रदाता हूँ खूबसूरत नही स्मार्ट, मॉड्यूल हूं
हां जी हां मैं पुरुष हूं।
सुबह का अलार्म क्लॉक हूं
रिमाइंडर हूँ, अकेले बच्चों का ही नहीं
सम्पूर्ण घर का साया हूं
पत्नी का तो में सरमाया हूं।
हां जी हां मैं पुरुष हूं
परिवार का डॉ हूं,

किचन का स्टोर कीपर
आणि पूरक हूं।
काम करने में गर्दभारूढ़ा हूं
अपने बच्चों
का तो में टेडी बीयर हूं।
हां जी हां मैं पुरुष हूं।
सर्दियों में जब मस्ती से सब रजाई
में होते हैं,
मेरा शरीर तब परिवार के
रोटी कपड़ा मकान
के खर्च पूरे करने को
बरसती बारिश ठिठुरती
सर्दी में घर से बाहर भटकता हैं
आंखे मन व दिल
मग़र रहता हैं हर वक्त
घर की सुरक्षा की चिंता में
घर का परमानेंट लाइफ टाइम बीमा हूं मैं
हां जी हां पुरुष हूं मैं।
24 hrs पूरे सप्ताह 365दिन
एटीएम हूं मैं
बच्चों की शिक्षा का प्रभार हूं मैं
पत्नी के सुहाग का तो सीधा 2 ही

मंगल आधार हूं मैं
हां जी हां पुरुष हूं मैं
परिवार की नींव हूँ खम्बों व् छत की मज़बूती हूं
जमीन में धंसा नींव में छुपा पत्थर हूं
एक मजबूत कल्पवृक्ष हूं मैं
कभी बहुत नरम
कभी बहुत सख्त हूं मैं
क्योंकि संस्कारों के लिए आश्वस्त हूँ मैं
हां जी हां पुरुष हूं मैं।
पत्नी का छाता हूं भाई का
कॅरियर हूं मैं, पिता का
गौरव हूं माँ का संस्कार हूं
भाई हूं, बेटा हूं पति हूं तात हूं
इन सब पर होने घात की ढाल हूँ
हां जी हां मैं ही वो पुरुष जात हूं।
फिर भी अधूरा है जीवन मेरा
न जाइका पूरा है ना खप्पर पूरा है
मेरा क्या है जो भी है सब अधूरा है।
सभी विषयों में मैं अधूरा सा एक वृत्तांत हूं
इतना सब होकर भी कितना शांत हूं।।
हां जी हां मैं पुरुष हूं।।
जितने भी काम करता हूँ

और जो कमाई मिलती है मुझको
वो सब पत्नी के रख रखाव टूट फूट
बच्ची बच्चों, माता पिता, बहन
भाई के लिए खर्च होती है।
मेरी तो न कोई जेबखर्ची होती है
न कोई रिटायरमेंट
ना कोई पेंशन ना छुट्टी ना वेतन भत्ता
फिर भी सारे
काम खुशी ख़ुशी करता हुआ
सब कुछ ख़र्चता रहता हूं।
क्योंकि परिवार का एक अकेला
मैं ही तो पालनहार हूं।।
हां जी हां मैं पुरुष होने के साथ साथ
इन सबका समाजिक देनदार भी हूं।।
हास्य रस का किरदार हूं
प्रेम की कविता का श्रगार हूं
भीष्म ही मैं हूं और कृष्ण भी मैं ही हूँ।।
देखिये मैं ही तो सम्पूर्ण जगत
का प्यार हूं,
खूबसूरत नहीं न सही लेकिन एक
स्मार्ट मॉडयूल व् सम्पूर्ण अवतार हूँ।।
क्यूँ की मैं पुरुष हूं

बोला तो भाई।।

हां जी हां मैं पुरुष हूं

हां जी हां मैं पुरुष हूं

मासूमियत की तबियत

मासूमियत की तबियत
न पूँछिये मियाँ
कोई न आ सकेगा
हम दोनों के दर्मियां
आस्था हमारी मातृ दुग्ध
दुनिया जाए मंगल पर
हम धरा पर खा पी के मस्त
साफ़ सुथरे वस्त्र हैं
सर पर कमल खिला।
मासूमियत की तबियत
न पूँछिये मियाँ
दीर्घ शङ्का लघु शङ्का
की कोई परवाह नहीं
चौबीस घंटा पोतड़े पर
अम्मा की है निगा।

मासूमियत की तबियत
न पूँछिये मियाँ।

क्या करूँ

क्या करूँ
थक गया हूँ बहुत
कुछ कुछ टूटा भी हूँ।
करी थी कोशिश हजार
बिखरा बार बार।
क्या करूँ रास्ते मुड़ गए रास्तों पर अगर
ढूंढ लूँगा सखी मैं नई फिर डगर।
तुझसे जाऊँ कहीं बीच में जो बिछड़
तू न देना भुला , तू न देना भुला।
मंज़िलें तो रहेंगी आसमा भी रहेगा।
धरती के साथ साथ
सबका वास्ता भी रहेगा।
तू न देना भुला तू न देना भुला।
क्या करूँ क्या करुँ।
तू न देना भुला तू न देना भुला
आइना तो नहीं, देख लूँ भविष्य को

जी रहा हूँ प्राण पण से यहाँ
वर्तमान का और कितना करू सामना
तू न देना भुला तू न देना भुला तू न देना भुला
रास्ते मुड़ गए रास्तों पर अगर
ढूंढ लूँगा सखी मैं नई फिर डगर।
तुझसे जाऊँ कहीं बीच में जो बिछड़
तू न देना भुला , तू न देना भुला।

हादसा ए नज़र

हादसा ए नज़र
हादसा था नज़र तुझसे मिलाना।
तुख़म था नज़रे मिला कर डूब जाना।
बेकसी के तालाब में गोते लगाना।
जिस्म के बनावटी इत्र का मुरदीद होकर।
ग़ज़ल अपनी तुझको सुनाना।
हादसा था नज़र तुझसे मिलाना।
तुख़म था नज़रे मिला कर डूब जाना।
आशना बन कर इशक का क्या मिला।
जुल्म जेरो ज़बर का हमने सहा।
फितन्न गर से बुर्जियों का खेल देखा।
जर्रे जर्रे पर खुदाया बे मेल देखा।
हादसा था नज़र तुझसे मिलाना।
तुख़म था नज़रे मिला कर डूब जाना।
तीर पर बैठा रहा साथ जब तलक तेरे रहा।
एक पल का चैन भी तो, या-खुदा

मुझको न आया।

घर को खोया।

नींद खोई।

याद हो गर तो वो दिला

जो रात मैंने, सुख की सोइ।

हादसा था नज़र तुझसे मिलाना।

तुख़म था नज़रे मिला कर डूब जाना।

जिस्म के बनावटी इत्र का मुरदीद होकर।

ग़ज़ल अपनी तुझको सुनाना।

********************@@********************

प्रारब्ध कर्मो के

प्रारब्ध कर्मो के
गिर पड़ा है जो अंधेरे से टकरा कर
अंधेरे कुँए में ।।
एक बार तो किसी को तो उसको
उठाना पड़ेगा ।।
माना कि जीवन बहुत ही विषम है
माना की जीवन बहुत ही विषम है ।।
मग़र इतना सहारा तो देना पड़ेगा ।।
थक गया हो जो लहरो से लड़ते हुए
आत्म सय्यम तो उसका बढाना पड़ेगा ।।
माना की कोई सहारा न देगा ।।
फिर फरिश्ता तो कोई बुलाना पड़ेगा ।।
फिर फरिश्ता तो कोई बुलाना पड़ेगा ।।
ठेल कर किसी को मुश्किल घड़ी में
कोई दामन अपना बचा न सकेगा ।।

तुम ना करोगे अगर काम ये तो
किसी और को तो आगे आना ही होगा ।।
गिर पड़ा है जो अंधेरे से टकरा कर
अंधेरे कुँए में ।।
एक बार तो किसी को तो उसको
उठाना पड़ेगा ।।
अन्जान बनकर निकल जाएगा जो
इलज़ाम इसका भुगतना पड़ेगा
प्रारब्ध कर्मों के होते यहीं हैं
एक एक का बदला चुकाना पड़ेगा ।।
गिर पड़ा है जो अंधेरे से टकरा कर
अंधेरे कुँए में ।।
एक बार तो किसी को तो उसको
उठाना पड़ेगा ।।

आउट डेटेड

आउट डेटेड
हसीन दिल मुखरित जज्बात लिये फिरती हो
तुम जरा दिल पे हांथ रख के कहो
क्यूं मुझ से आउट डेटेड से बात करती हो।
न चेहरा है न काठी है
मुझसे बात करना सिर्फ
वक्त की बरबादी है।
मौसिक़ी का अलिफ़ बे पे तक नहीं आता जिसको
उससे शायरी पर सवाल करती हो।
हसीन दिल मुखरित जज्बात लिये फिरती हो
तुम जरा दिल पे हांथ रख के कहो
क्यूं मुझ रो आउट डेटेड से बात करती हो।
तहज़ीब ओ तन्ज़ीम सीखी नहीं जिसने
तखल्लुस तो बस इक बहाना है
पाँव उठता है मग़रिब को
फलाँग कर दोनों जहाँ शुनइ औ जुनूब के

पहुँचता हूँ मशरिक़ में।
सऊर जिसको पोशाक पहनने का सिरे से नहीं
बाल बिखरे हैं बेतरतीब दाढ़ी है
लाइन माथे पे लिए बे क़ायदा
कुदरत से जिसने की बे मानी है।
हसीन दिल मुखरित जज्बात लिये फिरती हो
तुम जरा दिल पे हांथ रख के कहो
क्यूं मुझ से आउट डेटेड से बात करती हो।
आशना ये बशर किसी का हो नहीं सकता
काम कायेदे का वल्लाह ये कोई कर नहीं सकता
मुस्कुराता है तो कैसा भोंदू सा लगता है
बात करता है तो पल पल करवट बदलता है
ख़ुदा जाने क्या इसको परेशानी है।
मुझको लगता है कि तुमको समझाना
और तुमको लगता है कि मुझको समझना
कोई ना - इलाज़ पुरानी बीमारी है
वास्ता मुझ से तेरा या तुझसे मेरा
इल्मों हिकरत जैसी कहानी ख़ानदानी है।
हसीन दिल मुखरित जज्बात लिये फिरती हो
तुम जरा दिल पे हांथ रख के कहो
क्यूं मुझ से आउट डेटेड से बात करती हो।

---------------o---------------

नज़्म नवेली

नज़्म नवेली

कवितायेँ लिख देने से भाव कहाँ दिखता है।
मन के कोमल छंदों का अभिसार कहाँ दिखता है।
दबी हुई आशाओं को उनका संसार कहाँ मिलता है।
मैंने जब जब तुमको अपने दिल का हाल सुनाया।
किसी बहाने तुमने मुझको बातों में बहलाया।
तेरे मन में उबल रहा अंगार कहाँ दिंखता है।
कवितायेँ लिख देने से भाव कहाँ दिखता है।
मन के कोमल छंदों का अभिसार कहाँ दिखता है।
डूब रहा है सूरज देखो मेरी इच्छाओं का।
थक न जाऊँ देख प्रिय में इन झूठे वादों से।
रोज रोज की टालमटोल का अंत नहीं मिलता है।
तुझमे मेरा मुझमे तेरा प्यार कहाँ दिखता है।
आशाओं को क्षितिज मिलेगा प्रणय अभी है दूर।
फिर भी प्रेम प्रंसगों का तो रोज कमल खिलता है।

कवितायें लिख देने से भाव कहाँ दिखता है।
मन के कोमल छंदों का अभिसार कहाँ दिखता है।
दबी हुई आशाओं को उनका संसार कहाँ मिलता है।

**********@**********

जीवन व्यथा

जीवन व्यथा

मौसम फिर से नमकीन हो गया
देह का तरल अर्थ हीन हो गया
तुम सामने क्या आये नज़र
जीवन व्यथा तर्कहीन हो गया
वेदना को वेद का आभास न रहा
पीड़ा हृदय को सालती रही
कुंठित हृदय दग्ध हो जला
संवेदना हो गई तिरोहित
पाषाण दिल रो पड़ा
बहने लगा अवसाद का लहू
आसमान रक्त रंजित हुआ
धरती के लाल का कपाल क्या खिला
मौसम फिर से नमकीन हो गया
देह का तरल अर्थ हीन हो गया

तुम सामने क्या आये नज़र
जीवन व्यथा तर्कहीन हो गया
आदमी से आदमी भयभीत हो रहा
जानवर को ले अंक में किलोल कर रहा
छुपता रहा था अब तलक
अब निर्वस्त्र हो रहा
खोकर हया विवन्ध के
सब बाँध दिए तोड़
क्षत्रिय ने सामने अरि के
गाण्डीव रख दिया
मौसम फिर से नमकीन हो गया
देह का तरल अर्थ हीन हो गया
तुम सामने क्या आये नज़र
जीवन व्यथा तर्कहीन हो गया

धक्का तो न दीजिये

धक्का तो न दीजिये

दर्द को दर्द का एहसास हो ही जायेगा ।।
दर्द आखिर दर्द है नज़र आ ही जायेगा ।।
मुंतज़िर दर्द के रूप में धारणा उपजेगी ।।
नयनों से उस दर्द को इशारा हो ही जायेगा ।।
तुम खफ़ा न हो जाना मुझे अपने से दूर पा कर ।।
तुम खफ़ा न हो जाना मुझे अपने से दूर पा कर ।।
गर्दन झुका के देखने पर दीदार हो ही जायेगा ।।
नसीब होगा तो फिर मिलूँगा इंशाअल्लाह।।
पलट पलट कर वो तूफ़ान फिर से आएगा।।
दर्द को दर्द का एहसास हो ही जायेगा ।।
दर्द आखिर दर्द है नज़र आ ही जायेगा ।।
तखलिया कह कर प्यार को रुसबा न कीजिये //
एहतराम रखिये सुबह हुई है ग़ुसल कीजिये।।
मरहम न रखिये ज़ख्म पर कोई गिला नहीं।।

ख़ाकसार कम से कम धक्का तो न दीजिये।।

डूबता सूरज हूँ अभी , कल सुभ फिर से आऊँगा।।

दर्द को दर्द का एहसास हो ही जायेगा ।।

दर्द आखिर दर्द है नज़र आ ही जायेगा ।।

******************@*********************

जीवन की आहट

जीवन की आहट
नए दिन की सुगबुगाहट
पक्षियों का कलरव
नव प्राण का आगमन
सूर्य देव के सम्मान में
नतमस्तक जल
अर्पित करें
वे हमारी आस्था
विश्वास को
तर्पित करें
रोग नासें
स्वास्थ्य का वरदान दें
नित नयी ऊर्जा से
सभी प्राणीयों में
फिर वीर्य का सृजन करें
पृथ्वी जल तेज वायु आकाश

पांचभौतिक तत्व हों शुद्ध
अमरत्व को हर जीव में प्रस्फुटित करें

गुजर अब क्यों नहीं होती

* गुजर अब क्यों नहीं होती *

गुज़र तेरी मिरी राहों से
क्यूँ अब नही होती।
धडकता है दिल लेकिन
बैचैनी क्यूँ नही होती।
मसीहा प्यार का हरगिज
बदला नही करता।
मोहब्बत चीज ऐसी है
जो हर किसी से है कहा होती।
रक़ीबा अब नहीं
पढता है कोई कसीदा अपने होठों में
किया करता है चोट अब जिगर पर
बिन बताये सीधा सीधा
तिरि राहों को अब आहट

मेरे पाओं की क्यूँ नहीं आती
गुज़र तेरी मिरी राहों से
क्यूँ अब नही होती //
धडकता है दिल लेकिन
बैचैनी क्यूँ नही होती।
मैं सोया था न सोया हूँ
कई हफ्तों से बाद तेरे जाने के
दर्द की मीठी लहर
अब वैसी नहीं उठती
सवाल तुझसे अब करूँ
ये हक खो दिया मैंने
मोहब्बत चीज ऐसी है
जो हर किसी से है कहा होती।
गुज़र तेरी मिरी राहों से
क्यूँ अब नही होती।
धडकता है दिल लेकिन
बैचैनी क्यूँ नही होती।

**********@**********

याद

याद

ख्वाब की ख्वाहिश दबी दबी
मन भिगोती कभी कभी।।
यूँ तो सब मस्त हैं अपनी जिंदगी में
फिर भी आती है मॉरिशस की
याद , समँदर का सैलाब कभी कभी।।
आशियाना था कई आशियाने थे
मग़र अपने तो सिर्फ
सात दिन के ठिकाने थे
देखना था बहुत कुछ
भागे दौड़े रपटे सम्भले भीगे
ऐसे माहौल में देख पाए सिर्फ कुछ
जिंदगी उस देश के बाशिंदों की
खुशनुमा थी वक्त था कम

महकती हवा थी
शांत वातावरण था सुकून था
ख्वाब की ख्वाहिश दबी दबी
मन भिगोती कभी कभी।।
यूँ तो सब मस्त हैं अपनी जिंदगी में
फिर भी आती है मॉरिशस की
याद , समँदर का सैलाब कभी कभी।।
एक लड़की थी अल्हड मस्त परी थी
रहबर थी हमारी यात्रा की नेता थी
हंसमुख थी मग़र वक़्त की पावंद थी
हर जगह दिखाती उदासी अपनी छुपाती थी
काम की ज़िम्मेदारी से बहुत व्यस्त थी
सौम्य थी सुलभ थी उस देश की पहचान थी
कुछ भी पूँछो तो हाजिर जबाब थी
उमर ज्यादा नहीं थी उसकी
लेकिन तन मन से परिपक्व थी
ख्वाब की ख्वाहिश दबी दबी
मन भिगोती कभी कभी।।
यूँ तो सब मस्त हैं अपनी जिंदगी में
फिर भी आती है मॉरिशस की
याद , समँदर का सैलाब कभी कभी।।

एक नई सुब्ह

एक नई सुब्ह
तंज को त्याग दे प्राणी ।।
भजन में ले जी को लगा ।।
एक नई सुब्ह जो मिली अभी अभी
कर दिल से इसका स्वागत प्राणी ।।
प्रभु चरणों में ध्यान लगा ।।
हो जा सुकर्मा दे अंदर की बुराई को मिटा ।।
कुछ काम ऐसे भी कर ले ।।
जा अपने परलोक को ले सजा
परमार्थ में ध्यान तू अगर देगा ।।
ख़ुदा तुझको हर क़दम सहारा देगा
स्वार्थ की सोच को तो तू अब
स्वयं के सोच से तिलांजलि दे दे
तंज को त्याग दे प्राणी ।।
भजन में ले जी को लगा ।।

एक नई सुब्ह जो मिली अभी अभी
कर दिल से इसका स्वागत प्राणी ।।
प्रभु चरणों में ध्यान लगा ।।
डरने से कुछ नहीं होगा
प्रेम की डगर को ले पकड़
राह देखती है वो तेरी
जाके उसके तरीकों पे चल पड़
सीखने का मौक़ा है
अब किसने रोका है
सुधर जा न्याय को मित्र बना
तंज को त्याग दे प्राणी ।।
भजन में ले जी को लगा ।।
एक नई सुब्ह जो मिली अभी अभी
कर दिल से इसका स्वागत प्राणी ।।
प्रभु चरणों में ध्यान लगा ।।

दर्द लिखता हूँ

दर्द लिखता हूँ

दर्द लिखता हूँ मैं

मन मसोस कर न चाहते हुए भी ।।
जब जब मैं इस खूबसूरत दुनिया

के बारे में लिखता हूँ ।।
मुझे माफ़ कर देना एय मेरे मालिक

मैं अगर कुछ गलत लिखता हूँ ।।
मग़र जो भी लिखता हूँ

मैं खुद के साथ जो बीती वही तो लिखता हूँ ।।
हादसा है दहशत है

सांस सांस बंदिश है जल तो बिकता ही है ।।
एक भी मानुस मुझे ख़ुशहाल नहीं दिखता है,

अब तो ओषजन भी बिकता है ।।
किस किस से मिलु , किस किस का हाल लूं

जाकर दूर तक कौन दिखता है ।।
लोग सब के सब है डरे हुए अनजान भय से

अब कौन घर से निकलता है ।।

दर्द लिखता हूँ मैं

मन मसोस कर न चाहते हुए भी ।।
जब जब मैं इस खूबसूरत दुनिया

के बारे में लिखता हूँ ।।
दुबका पड़ा हूँ कौने में ,

सिकुड़ा हो वस्त्र जैसे, साधन सिमट गए।।
आने जाने को कौन सोचे संसाधन बिखर गए -

जो कुछ पड़ा है डब्बों में उस से ही काम चलता है।।
स्वाद की जुबां को तो ताले लग गए -

मसाला चाट क्या कहीं आजकल बिकता है।।
भाप ले लो या वाष्पित जल पी लो

दिन भर रह रह के हांथों को धो लो।।
हर कोई अब मुख पे हर समय नकाब रखता है ।।

अधूरे किरदार

अधूरे किरदार

अधूरी कहानी के
हम सभी अधूरे किरदार हैं
आधी अधूरी जिंदगी है
इसके हम अधूरे ही हकदार है ।।
जान देना और लेना

फिर तड़पना
महज़ एक ख्याल है
वास्तव में ये तो इकतरफा
गुफ्तगू है सिर्फ इक मलाल है ।।
वेदना दिल में छुपाये
चहरे पर मुस्कान सजाये
हम सभी इंसान हैं
बेबसी का आलम है
ख़ालिश - ए - बंदिश सी नालिश है
खोजना है एक मुखौटा
जिसमे दुनियादारी की साजिश है
अधूरी कहानी के
हम सभी अधूरे किरदार हैं ||
आधी अधूरी जिंदगी है
इसके हम अधूरे ही हकदार है ||
देख कर तुझको सुखी
नींद मेरी उड़ गई
ख़ुशी आई तेरे जीवन में
तो मुझको मिर्ची लग गई
इस तरह के आज यारो
लाखों ही सवाल हैं
क्या करूँ क्या न करूँ

काम तेरा जो बिगाड़ूं
सोच मेरी देख ले कितनी महान है ||
वेदना हिय में छुपाये
चहरे पर मुस्कान सजाये
हम सभी इंसान हैं
अधूरी कहानी के
हम सभी अधूरे किरदार हैं ||
आधी अधूरी जिंदगी है
इसके हम अधूरे ही हकदार है ||

आईना और महिलायें

आईना और महिलायें

सजती हैं संवरती हैं
लजाती हैं देख देख
आईना ये महिलायें
न जाने क्यूँ खुद पे
ही रीझ जाती हैं
मुस्कुराती हैं
अपनी हर अदा पे
फिर नज़रें चुराती हैं
कोई देखता न हो
साथ साथ ये भी देखती जाती हैं
बहुत मुश्किल है
इन की निगाहों से
बच के निकल जाना
न जाने कैसी दूरबीन

से साध कर निशाना
ये लगाती हैं
घटनाएं अनेको इनके
इसी अंदाज के कारण
एक सिक्विल सी घट जाती हैं
ख़ुदाया रहम कर वापस
ले ले इनका ये हथियार
जो हर घड़ी हम मासूम
मर्दजात पे गाहे बगाहे
चुपके से चलातीं हैं
सजती हैं संवरती हैं
लजाती हैं देख देख
आईना ये महिलायें
न जाने क्यूँ खुद पे
ही रीझ जाती हैं

अरे सम्भलना

अरे सम्भलना

मंजिल तय है
राह विकट है
हिम्मत चाहिए
डर लगता है
मौन अखंडित
कुछ कहना चाहिए
गिर मत जाना
अरे सम्भलना
आस विखण्डित
प्यास विलक्षण
आस्था चाहिए
दूर गगन में सूरज चमका
तिमिर लगा घबराने
अंधियारे ने उस से डर कर

शस्त्र त्याग दिए सारे
मंजिल तय है
राह विकट है
हिम्मत चाहिए
रुकने का तो
नाम न लेना
तुफानो से
रार न लेना
तृण सम देखो
नीति नियत कर
अपना काम निकालो
जीवन में विवेक को
अपना हथियार बनालो
मंजिल तय है
राह विकट है
हिम्मत चाहिए

जनाना जिस्म

जनाना जिस्म

मिरे बदन की नुमाइश देखने आए हैं
ये शरीफ जादे हैं नँगे जिस्म देखने आए हैं
मुझे गरज़ थी 2 जून की रोटी की फ़कत
ये मिरी भूख की कीमत लगाने आये हैं
मखमली लिबास में लिपटा
रह रह के झांकता जोबन
ये अमीरज़ादों की सल्तनत से
चश्म आंखों की प्यास बुझाने आये हैं
सलीकेदार हैं कोई हील हुज्जत नही करते हैं
सलीकेदार हैं कोई हील हुज्जत नहीं करते हैं
जो गरज़ मन्द हों बस उनको
अपने आगोश में समाने आये हैं ।
एक रात की ही तो बात है इन इंसानी
शहज़ादों के जेहन में
बस उसी एक रात खातिर
मिरी अस्मत के चिथड़े उड़ाने आये हैं
महकते माहौल में सुर्खियां बटोरे
रिसालेदार अपने कैमरे में
थिरकती परियों की तस्वीर कैद कर
जगत भर में हमको दिखा
कर वाह वाह लेने वाले

आर्ट्स के कसरती करतवों का
परचम उठाये खिलखिलाती
हम तितलियों का दीदार करके
लगे मौका तो आग़ोश में लेने वाले हैं
मिरे बदन की नुमाइश देखने आए हैं
ये शरीफ जादे हैं नँगे जिस्म देखने आए हैं

तुकांत छंद

तुकांत छंद

सीला सीला दिल अरु
सीले सीले गाल
मिलो कभी जो हम से तो
झम्म झम्म हो बरसात ।।
नारी नर सब एक हैं
काहे की हो रार
तुझमें झाँकन को मुआ
गिर पड़े बिनके दांत ।।
सन्त सनातन सादगी
जो जो लेंही अपनाये
लूट खसोट को चोट्टा
आपहिं सिमट मिट जाये ।।
राजा रानी की तरह
पति और पत्नी हैं होहिं
मैं तोको साथ निभाऊँगो

जो हमरी तू सखी बन जाहिं ।।
दिशा दिशा के नाम की
ईश दिशा सर्वोत्तम
करहू प्रयाण कौनो दिशा
जा तो है ही शुद्धतम ।।
रवि चले पच्छिम कू
चन्द्र चले दक्छिन कूँ
मंगल की तो पूछों मति भैया
उनकी गति प्रशक्तम ।।
साधक साधू न बने
और साधू बने न साध
मेरे संग जो जो आएगा
भजन सुहाना गाएगा ।।
द्रवित हृदय को मूल है
मनवा सबकी सोच
जो जो निश्छल जीव हैं
उन सम मनुख न होत ।।
रेल चलेगी रेल चलेगी
संग चलेगी गाड़ी
धोती कुरता चूड़ी अचकन
जीन्स लाइका और चलेगी साड़ी ।।

हादसा

हादसा

तन्हाइयों से उकता गया था वो
इसलिए सड़क किनारे जा बैठा था
शहर के कोलाहल ने
उसकी मासूमियत छीन ली
फिर न शहर का रहा न
गांव ही रह गया था वो ||
आया था रोज़ी रोटी की ख़ातिर
गाम में ज़मीन बट्टे पर दे कर
माँ बाप की पत्नी की और बच्चों
को चाहता था देना जीवन सुन्दर ||
जानता कहाँ था चाहिए कितनी कूवत
लड़ने को शहर के मसलेयात से
बौख़ला गया था देख भागमभाग
भ्रमित था खिन्न था मन ही मन छिन्न भिन्न था

जानता कहाँ था चाहिए कितनी कूवत
तन्हाइयों से उकता गया था वो
इसलिए सड़क किनारे जा बैठा था ||
शहर के कोलाहल ने
उसकी मासूमियत छीन ली
सोच में उसकी उकताहट थी
वेदना थी असहज़ बदहवासी थी ||
मार्मिकता जैसा अनुबंध था
वहीँ दूसरी और चिंता बेचैनी अकुलाहट थी
तन्हाइयों से उकता गया था वो
इसलिए सड़क किनारे जा बैठा था
शहर के कोलाहल ने
उसकी मासूमियत छीन ली
समझ पाता शहर का समीकरण
इतनी तो उस बेचारे की बुद्धि न थी
डरा डरा सा आलम था
एक अन्जाना ख़ौफ़ हर पल था
हिम्मत तो थी भरोसा भी था
क्योंकि मेहनतकश इंसान था ||
एक ही क़सक थी एक ही लगन थी
क्या मैं सही रास्ते पर हूँ
हर समय खोपड़ी में बस यही धमक थी

समझ पाता शहर का समीकरण
इतनी तो उस बेचारे की बुद्धि न थी ||
तन्हाइयों से उकता गया था वो
इसलिए सड़क किनारे जा बैठा था
शहर के कोलाहल ने
उसकी मासूमियत छीन ली ||

तख़्लिया

तख़्लिया

अब ये तेरी परेशानी है
न मेरी परेशानी है
जिंदगी हम सब की
मिली जुली कहानी है
ज़लज़ले जो भी उठते हैं
समन्दर से बे- हिसाब
उसमें तुझको क्यों
इस क़दर हैरानी है ||
वक़्त -ए- मुज़म्मत कोई
गिर न पड़े हद से ज़्यादा
अदब के साथ हो न जाए
नाफ़रमानी हद से ज़्यादा
कर दिया मुल्तवी इजलास
देख मौसम का मिज़ाज़
ये भी होगी कोई ख़ासियत-ए- साहिब

या के सिर्फ एक नादानी है ।।
सोज़ को साज़ का पैरहन
सोच को दृश्य का दिखा कर चमन
आबोदाना जिसका लिखा था जहाँ
बिखर गए सब कहाँ कहाँ
ख़ोज ये तो बहुत पुरानी है ।।
मैं को मय मयस्सर होनी हो
रूह सहरा में गर भटकती हो
दरमियाँ तल्खियाँ हजारों हो
आग फिर भी लग ही जानी है ।।
तू न बन सकी मेरी तो क्या हुआ
चाह को चाहत न मिली तो क्या हुआ
दिल से दिल बिछड़ा इस कदर
तकलीफ़ ये सब किसको सुनानी है।।
अब ये तेरी परेशानी है
न मेरी परेशानी है
जिंदगी हम सब की
मिली जुली कहानी है
ज़लज़ले जो भी उठते हैं
समन्दर से बे- हिसाब
उसमें तुझको क्यों
इस क़दर हैरानी है ||

भाव मेरे छंदों के

भाव मेरे छंदों के

मैं तो एक दरिया हूँ उथला उथला

डूब कर मुझ में तुझको क्या मिलेगा

भाव मेरे छंदों के समझ भी लोगे अगर
ता - क़यामत उलझन के सिवा क्या मिलेगा ||
आशना हो गए लोग क़ाफ़िया तलाशते
अलिफ़ बे न जोड़ पाए हाशिया तलाशते
मुरदनी सूरत लिए भटकते रहे पैमाना ना मिला
मैं तो एक दरिया हूँ उथला उथला
डूब कर मुझ में तुझको क्या मिलेगा ||
दर्द को दर्द से क्या मिली है, कभी निजात
हौंसला तो रखना ही पड़ेगा, गर चाहिए आबे हयात
साथ रहते हो तो भावनाओं का सरिल सेहरा मिलेगा
बिन मुज़्ज़मत जो ता कयामत तेरे अंग संग चलेगा ||
खोल के पढ़ना तुम जब भी पढ़ो जिंदगी की कहानी
ज़ोश को साइड में रखकर होश को सामने रख कर
पैतियाने बैठी मिलेगी , जितनी भी कारस्तानी है
कुल मिला कर यही चार दिन की ही बस रवानी है ||
बहुत संभाली है कश्ती हमने तूफानों से
वाक्या याद है एक एक लिखा हुआ ज़ेहन में
सैकड़ों बार डूबा उभरा फिर डूबा मुसलसल
साथ लाया था निकाल के अब्बल मोती दरिया से ||
मैं तो एक दरिया हूँ उथला उथला
डूब कर मुझ में तुझको क्या मिलेगा

भाव मेरे छंदों के समझ भी लोगे अगर

ता-क़यामत उलझन के सिवा क्या मिलेगा ||

❦प्रभाती ❦

❦प्रभाती ❦

एक अबोध बालक *अरुण अतृप्त*

करूँ विनती गोपाल
कर जोर, मस्तक नवाये ।।
दुख सुख में हे प्रभु, जे
जिया कभी भी विचलित
विघटित होने नही पाये ।।
दास हुँ प्रभु आपनो
कर जोर विनती करों
सुख में पगलाओ नाही
दुख में घबराओं नाही
ऊँच नीच जगत मा
खेल तुम्हरो है प्रभु
तासों झंझाबात मा जे

मनुज हिय तुम चरनन ते
हटाए नाही
जो भी दीजो प्रभु इस दीन को
इतनो दे दीजो सखा
नहावे धोवे ओढहिवे कमती
हुइ जाए नाही ||

ओ मात गंगा

ओ मात गंगा

ओ मात गंगा तेरे जल का
क्या क्या करूँ बखान
ओ मात गंगा
इस जल को मात्र जल कहना
होगा तेरा अपमान
ओ मात गंगा
मैं इस जल को पयस कहूँ
तो सच में होगी खुशी महान
ओ मात गंगा ।।
मैं इस जल को जीवन बोलूँ
मैं इस जल को जीवन बोलूँ
सत्य वचन वरदान
बने ये सत्य वचन वरदान

ओ मात गंगा ।।

तेरे जल का कर अभिषेक

सकल देव तृप्ति हैं पाते

मेरे अन्तस् के भावों का

सहज भाव सब समझ हैं जाते

ओ मात गंगा ।।

इसकी महिमा गाते गाते

भजन बना सुर धाम

ओ मात गंगा ।।

ओ मात गंगा तेरे जल का

क्या क्या करूँ बखान

ओ मात गंगा

तेरे जल को जल ही कहना

होगा तेरा अपमान

ये तो अमृत समान

ओ मात गंगा ।।

मोरे सान्वरे

मोरे साँवरे तोहे
देखत देखत
नयन मेरे पथराये
हृदय पसीजो जाय ।।
किस विधि कह दूं
भाव जिया के
जो मोरी रसना
कहत लजाय ।।
प्रेम सदा सच्चा हुइये सखा
प्रेमी जन झुठे होइ सके
वेदना सम्वेदना
अरु सम्मति
ये तीनो मिल
जिस देह विराजें
उहि प्राण मा

जाए बसे सुरसती ।।
कहि अबोध बालक
हथ जोर नमन्ती ।।
जो दिल में ही रहता हो
उसका आलिंगन सतत रहता हो
फिर अनन्या किस
दिशा को जाएं ध्यान
हम्रो जे मोरे कान्हा तुम ही
बताइयो
राम हि में रहियो
राम राम कहियो।

अदा

अदा

तेरी हर अदा का मैं दीवाना हो गया।

कैसी अदा दिखाई के मस्ताना हो गया।।

मुझसे तो तूने पल में मिरा चैन ले लिया

नाम अपना अभी तक न बताया ये तो बुरा किया ।।

चेहरा छुपाए सबसे कैसा सितम किया

जालिम खताबार ये क्या ग़जब किया ।।

दिल पर हाँथ रखे सब बैचेन हो रहे हैं

देखो रक़ीब मेरे किस कदर खुश हो रहे है ।।

कुफ़्र घोला है हवा में कैसा

कि सबका दम है घुट रहा ।।

तेरी हर अदा का मैं तो दीवाना हो गया।

कैसी अदा दिखाई के मस्ताना हो गया।।

नागिन सी तेरी चाल है गदराया हुआ बदन

गुलशन में चहुँ ओर महकता हो जैसे चंदन ।।

आशिक बनाया सबको जीयरा तड़प रहा

धुक धुक बढ़ गई है मौसम सुलग रहा ।।
तेरी हर अदा का मैं दीवाना हो गया।
कैसी अदा दिखाई के मस्ताना हो गया।।
मुझसे तो तूने पल में मिरा चैन ले लिया
नाम अपना अभी तक न बताया ये तो बुरा किया ।।

तुम और गज़ल

गजलों में आपकी सादगी
का गुमां मुझको हुआ है
लम्हा लम्हा हरफ ब हरफ
बानगी से जुड़ा हुआ है
दीद का अचरज

उफनता इसके पहले

शिष्टता ने रोक मुझको लिया है

मेहरूम था मसरूफ था

गमज़दा न था ||

ऐसी दिखाई रोशनी

जिसका आदी न था

खुशबू तिरे जिस्म की माहौल में रमी

गजल है आपकी सादगी

से बेहतरीन लिखी हुइ ||

मुझको तो ऐसे मामलात का

यकीनन इलम ही न था ||

गजलों में आपकी सादगी

का गुमां मुझको हुआ है

लम्हा लम्हा हरफ ब हरफ

बानगी से जुडा हुआ है

बोतल शराब की भर के

अब न चाहिए , रिंदों को तो साहिबा

आले पर आप रख ही आइए

साज के आगाज़ का मिसरा सुनाइये

मुझको मिरे घर का पता

अब दिजिए भुला

गजलों में

आपकी सादगी

का गुमां मुझको हुआ है

लम्हा लम्हा हरफ ब हरफ

बानगी से जुडा हुआ है

पोंगल लोहड़ी संक्रांत

इंडी इंडी पोंगल पो
खिचडी खिचडी मुझको दो
जिंदगी जिद्दी है उदास है बिंदास है
न छेडोगे इसे तो मायूस करेगी
मानाओगे पल पल इसको
त्योहार की तरह
तभी तो यारो इस से जीत पाओगे
इंडी इंडी पोंगल पो
कारवाँ सांसों का कहां हांथ में अपने
उछ्लोगे कूदोगे नाचोगे यदि
वरना तो संजीदा हो कर खो जाओगे
इंडी इंडी पोंगल पो
खिचडी खिचडी मुझको दो
आग जलाओ मिलकर बैठो
मूंगफली रेवडी मुझसे ले-लो

पोप्कोर्न फुलले सबको देदो
भून भून के गेहू के बाले
अरे समीना तू भी पका ले
इंडी इंडी पोंगल पो
खिचडी खिचडी मुझको दो
सानू दियो लोहडी
तुहाडी जीवे जोडी
इस घर जाना
लोहडी ले के आना
इंडी इंडी पोंगल पो
खिचडी खिचडी मुझको दो

पत्थर का आदमी

पत्थर का आदमी पत्थरों से है दबा
कोशिश थी निकलने की लेकिन
पल पल ये झुकता ही जा रहा

तुम बताओ हश्र इसका क्या है होना
तुम बताओ हश्र इसका क्या है होना

छूट पायेगा या के इसने युं ही रहना
दरमिया पत्थरों के इसका वजूद है
अंदर पत्थर बाहर पत्थर, पत्थर अकूत है
सहानुभूती स्व अनुभूती संवेदना
साम्वेदना धीरे धीरे सब है खो चुका
पत्थर का आदमी पत्थरों से है दबा
कोशिश थी निकलने की लेकिन
पल पल ये झुकता ही जा रहा
जन्म से ये कभी ऐसा तो न था
संस्कार भी इसे तुम सब जैसा ही मिला
शिक्षित है , बुद्धिमत्ता है , विवेक भी है
बाहू बल तो अल्लाह के फ़ज़ल से बहुत है
चट्टानों से लड़ने की कूवत भी खूब है
अक्ल में इसकी बस गुरुर ही भरा
पत्थर का आदमी पत्थरों से है दबा
कोशिश थी निकलने की लेकिन
पल पल ये झुकता ही जा रहा

सीले सीले गाल

सीला सीला दिल अरु
सीले सीले गाल
मिलो कभी जो हम से तो
झम्म झम्म हो बरसात ।।

नारी नर सब एक हैं
काहे की हो रार
तुझमें झाँकन को मुआ
गिर पड़े बिनके दांत ।।

सन्त सनातन सादगी
जो जो लेंही अपनाये
लूट खसोट को चोट्टा
आपहिं सिमट मिट जाये ।।

राजा रानी की तरह

पति और पत्नी हैं होहिं
 मैं तोको साथ निभाऊँगो
जो हमरी तू सखी बन जाहिं ।।

दिशा दिशा के नाम की
ईश दिशा सर्वोत्तम
करहू प्रयाण कौनो दिशा
जा तो है ही शुद्धतम ।।

रवि चले पच्छिम कू
चन्द्र चले दक्छिन कूँ
मंगल की तो पूछों मति भैया
उनकी गति तो चौगिरदे कूँ ।।

साधक साधू न बने
और साधू बने न साध
मेरे संग जो जो आएगा
भजन सुहाना गाएगा ।।

द्रवित हृदय को मूल है
मनवा सबकी सोच
जो जो निश्छल जीव हैं
उन सम मनुख न होत ।।

रेल चलेगी रेल चलेगी
संग चलेगी गाड़ी
धोती कुरता चूड़ी अचकन
जीन्स लाइका और चलेगी साड़ी ।।

www.ingramcontent.com/pod-product-compliance
Lightning Source LLC
LaVergne TN
LVHW050415160726
843469LV00041B/1082

* 9 7 8 9 3 5 4 5 8 3 4 6 9 *